AF339533

CHEMIN DE FER

de

CHAUNY A ANIZY-LE-CHATEAU.

UNE EXCURSION

COUCY - LE - CHATEAU

(Aisne).

LAON

Imprimerie A. CORTILLIOT, 22, rue Sérurier, 22.

—

1882.

UNE EXCURSION

A COUCY-LE-CHATEAU

(Aisne).

« La ville de Coucy-le-Château est
« située sur la cime d'une assez haute
« montagne et sa situation est une
« des plus belles et des plus heureuses
« qu'il y ait en France ; elle est envi-
« ronnée de hautes murailles de pierre
« de taille, flanquées de bonnes tours
« bâties de même de distance en dis-
« tance ; au pied de ces murailles, du
« levant au couchant, ce sont des côtes
« et un vignoble qui ne le cède pour la
« bonté qu'aux meilleurs de Bourgogne
« et de Champagne.
« Du haut de ces côtes, c'est-à-dire

« du pied des remparts de la ville, on
« découvre, de l'aveu des étrangers qui
« ont voïagé, une des plus agréables
« vues qu'il y ait au monde, par la di-
« versité des objets qui la forment, sur-
« tout au levant et au midi, où cette
« vue se perd dans des coteaux éloi-
« gnés de Coucy, les uns d'une lieue
« et les autres de moins ; entre ces
« coteaux et la ville on voit une vallée
« traversée d'une petite rivière fort
« poissonneuse que l'on nomme Ai-
« lette, et qui va se perdre dans l'Oise
« à trois heures de là, au-dessous de
« Chauny. Cette vallée est diversifiée
« par des prairies, des bois et des terres
« labourables qui rapportent des grains
« de toute espèce. Au couchant, la vue
« est plus étendue et se répand dans
« une vaste et fertile vallée qui règne
« du côté de Noyon et de Chauny que
« l'on découvre aisément du pied des
« remparts de Coucy. »

C'est en ces termes que le révérand
Dom Toussaints du Plessis, bénédictin
de la congrégation de Saint-Maur, moine
de Nogent, a fait la description som-
maire dans son *Histoire de la ville et*

des seigneurs de Coucy, de la contrée que traverse maintenant le petit chemin de fer qui unit les deux grandes lignes du Nord : de Paris à Soissons, Laon et Vervins d'une part, et de l'autre de Paris à Saint-Quentin et Bruxelles. Quoique d'une médiocre étendue, cette partie du département de l'Aisne est certainement l'une des plus intéressantes, non-seulement par les établissements industriels et autres qu'elle renferme, mais encore par ses monuments antiques et ses souvenirs historiques.

Je n'entreprendrai pas de décrire la florissante ville de Chauny dont l'importance industrielle tend à s'accroître de jour en jour, cette étude sortirait du cadre que je me suis tracé ; en passant, je dois cependant appeler l'attention du voyageur sur ses va⋅ ⋅ ⋅ ⋅ manufactures de produits chimiqu ⋅ ⋅ ⋅ ⋅ sur la Glacerie, ses églises, don⋅ ⋅ ⋅ ⋅ l'une, St-Martin, mérite la visite de l'archéologue et sur le splendide Hôtel-de-Ville dont on achève la construction. Bientôt apparaît le charmant village de Sinceny, si connu des amateurs de la vieille poterie et dont les produits rivalisent avec ceux de Rouen et de Nevers. N'oublions pas de jeter un coup-d'œil rapide sur le petit château de *l'Avanture* qu'habitèrent pendant de longues années M. de Théis, auteur du voyage de *Polyclète à Rome*, et son fils, le savant antiquaire. Nous pénétrons dans la forêt basse de Coucy, nous admirons ses magnifiques futaies, ses laies percées à travers les massifs pour les plaisirs de la chasse.

Les rois de la première et de la seconde race qui aimaient à séjourner dans leurs châteaux de Quierzy et de Servais, se sont souvent adonnés à la poursuite des bêtes rousses et noires qui pullulaient dans cette forêt alors immense ; l'allée du Roi que traverse le chemin de fer a été ouverte par les ordres de François 1er pendant l'un de ses fréquents séjours dans sa maison de Folembray.

Voici la halte du Rond d'Orléans où l'on découvrit en bâtissant le châlet du garde, des substructions d'origine romaine ; nous traversons la chaussée Romaine de Soissons à Vermand, un cimetière mérovingien ou gallo-romain et nous arrivons à la gare de Folembray située à l'extrémité de la forêt. Quelle admirable situation pour le paysagiste ! Des arbres séculaires, des collines verdoyantes, une vallée ombreuse, un lac aux eaux limpides et transparentes, où des troupeaux de cerfs et de biches viennent se désaltérer. Nous ne pénétrons pas la raison qui a fait placer cette gare pittoresque aussi loin du village : sans doute les ingénieurs ont été séduits par la beauté du lieu !

Le village de Folembray est admirablement situé au pied d'un coteau couronné de bosquets qui l'abritent contre les vents du Nord ; du sein de vastes pièces d'eau émergent les belles constructions de deux châteaux modernes, et une importante verrerie, ci-devant royale, mais son église ne présente aucun intérêt et du château bâti par François 1ᵉʳ, il ne reste nul vestige.

A droite de la voie ferrée, Verneuil se cache dans un bouquet de verdure. Coucy-la-Ville offre à nos regards son admirable clocher, malheureusement fort endommagé par le temps, et son église remarquable par son architecture et par les peintures murales du 16e siècle qui représentent les scènes curieuses de la tentation de Saint-Antoine, et un chœur d'anges portant des instruments de musique aussi divers qu'intéressants pour l'histoire de l'art.

Nous descendons à la gare de Coucy-le-Château.

En face du voyageur se dresse au haut de la montagne l'imposant manoir d'Enguerrand III. N'essayons pas d'analyser l'impression profonde que produit dans l'âme la vue des ruines immenses du château féodal, de cette tour gigantesque qui depuis 6 siècles brave les injures du temps et les dévastations des hommes.

Pierre Dupont visitant peu de temps avant sa mort le château de Coucy, évoquait un Homère gaulois, pour chanter ce poême de pierres. Après une longue visite au château, dont le gardien intelligent vous montrera les oubliettes, les souterrains, la salle des preux, celle des preuses, le boudoir de la châtelaine et le musée, montez jusqu'à la plate-forme de la grosse tour.

De cette hauteur vous embrassez d'un coup d'œil toute la contrée depuis Noyon et Saint-Quentin jusqu'aux montagnes du Laonnois; à vos pieds s'étend la terre de Mège dont Clovis fit don à Saint-Remy ; au midi vous apercevez le champ de bataille où Clovis, vainqueur de Syagrius, détruisit la puissance romaine dans les Gaules et éleva la monarchie française.

A l'ouest, Quierzy, séjour favori de Charles Martel qui y mourut, de Pépin qui y célébra la Pâque en 754 avec le pape Etienne, et où Charles-le-Chauve tint la diète de 877 qui fonda la féodalité en rendant les offices héréditaires ; Noyon où Hugues-Capet fut élu roi ; Trosly-Loire où se tinrent plusieurs conciles ; Blérancourt avec les restes élégants de son château du 17e siècle, l'hospice d'orphelins créé il y a deux siècles par la munificence de son seigneur Pottier de Gesvres. Ce bourg est la patrie de Lecat, chirurgien célèbre du 18e siècle et la patrie adoptive du conventionnel Saint-Just.

Nogent et Prémontré, l'une à l'ouest, l'autre à l'est, jadis abbayes célèbres, fondées ou enrichies par les sires de Coucy et qui, plus heureuses que tant d'autres monuments du moyen-âge, ont été sauvées de la destruction. Mabillon fut moine de Nogent et au 12e siècle le savant Guibert de Nogent y composa de nombreux ouvrages et notamment l'histoire de la première croisade à laquelle il donna ce titre patriotique, mais qui serait peu goûté de nos jours : *Gesta Dei per Francos*, les œuvres de Dieu par la main des Francs.

Saint-Paul-aux-Bois dont l'église renferme le tombeau du savant oratorien Abel de Ste-Marthe, l'un des auteurs du *Gallia Christiana*, mort en 1697.

Les autres monuments remarquables de Coucy sont :

La tour de Moyembrie comprise dans l'enceinte de sa banlieue ;

La porte de Laon, anciennement pa. lais de justice, flanquée de deux fortes tours et défendue par un bastion et un chemin de ronde souterrrain, très intéressant à observer;

Le beffroi communal ;

L'hospice fondé par Enguerrand III, rétabli par le duc d'Orléans, seigneur apanagiste de Coucy, au milieu du XVIIIe siècle, restauré et agrandi en 1868 ;

Et l'église dont le portail est cité par M. Vitet comme un spécimen de l'époque de transition du plein cintre à l'ogive, ainsi que les chapiteaux du chœur. Dans l'église se trouvent un tableau attribué à Jouvenet et l'orgue, tous deux provenant de l'abbaye de Nogent.

On sait que Jouvenet a travaillé dans beaucoup de monastères de la Picardie et probablement il a lui-même composé cette belle copie de son tableau *le Magnificat* pendant son séjour à Nogent.

Plusieurs maisons particulières sont aussi dignes d'attirer l'attention ; citons d'abord la maison de Romery. Le propriétaire actuel, M. Gargan, maire de la ville, a restauré avec un goût exquis et une exactitude minutieuse, la chambre dans laquelle est né le duc de Vendôme, fils légitimé de Henri IV et de Gabrielle d'Estrées. Cette chambre contient une cheminée construite au XVIe siècle et ornée de sculptures et de peintures extrêmement remarquables ;

La maison de la rue des Épousées, construite sous Louis XIII et la maison située Place de bas, au coin de la rue des Boulangers.

La voie ferrée contourne le coteau de Coucy où se trouve le *clos* du Roy. François Iᵉʳ, séduit par la finesse et la générosité du vin, produit de ce coteau, écrit le septième jour de novembre 1540 au seigneur de Haraucourt gouver- neur de Coucy « de mettre en réserve « la vigne du clos de Coucy sans plus « le bailler à ferme, afin de prendre « chacun an les vins qui en provien- « dront. »

Le père Vanière dans son *Prœdium rusticum*, livre 8, a célébré dans ces termes le vin du clos de Coucy.

Cociacis oritur Liber generosus in agris,
Firmus Burdigalœ, Bliterœ mitissimus, asper
Lutetiœ

Landricourt et Quincy ont eu pour seigneurs, les Bouchavannes ; on peut voir dans l'église de Landricourt l'épi- taphe de l'un d'eux, mort en 1632, à Toulouse, lors de la rébellion de Gas- ton d'Orléans et du duc de Montmo- rency.

La voie ferrée cotoie et traverse vers Vauxaillon le canal de navigation également en construction, qui doit unir l'Aisne à l'Oise.

Le château et le parc de Pinon sont trop connus pour qu'il soit nécessaire de recommander au voyageur curieux une visite qui, à la fois, charmera son goût et profitera à son instruction.

Enfin, l'église d'Anizy-le-Château et ce qui reste du château des évêques de Laon, peuvent aussi occuper ses loisirs pendant quelques instants.

E. ROMAIN.